Fractalii mei preferati
Volumul 1
de David E. McAdams

Imaginile din această carte au fost create folosind Fractal Forge. Fractal Forge poate fi descărcat de pe https://sourceforge.net/projects/fractalforge/.

Alte cărți de David E. McAdams

Culori Papagal - O introducere în conceptul de culori folosind desene de papagali. Pentru preșcolari.

Culorile Florilor - O introducere în conceptul de culori folosind desene cu flori. Pentru preșcolari.

Culori ale Cosmosului - O introducere în conceptul de culori folosind fotografii de la NASA. Pentru preșcolari.

Forme - O introducere în forme. Pentru preșcolari.

Numbers (In engleza) - O introducere în conceptul de numere. Pentru clasele K-2.

What is Bigger Than Anything (Infinity) (In engleza) - O introducere în conceptul de infinit. Pentru clasele 1-3.

Swing Sets (Set Theory) (In engleza) - O introducere în teoria seturilor. Pentru clasele 2-4.

One Penny, Two (In engleza) - Dacă bănuțul lui Jerry se dublează în fiecare zi, în cât timp va putea cumpăra o mașină sport verde închis? Pentru clasele 3-6.

Learning With Play Money Activity Kit (In engleza) - Învățați numere mari și numărați cu peste 1.000.000 USD în bani de joc.

Fractalii mei preferati (volumele 1, 2) - Cărți cu imagini cu fractali minunați prezentate ca imagini de înaltă rezoluție. Pentru toate vârstele.

All Math Words Dictionary (In engleza) - Un dicționar de matematică pentru studenții de pre-algebră, algebră, geometrie și pre-calcul.

Primele milioane de cifre ale lui π - Primul milion de cifre ale lui pi. Pentru toate vârstele.

Primul milion de cifre ale numărului lui Euler - primul milion de cifre ale numărului lui Euler e. Pentru toate vârstele.

Rădăcina pătrată a două până la un milion de cifre - primul milion de cifre ale rădăcinii pătrate a lui 2. Pentru toate vârstele.

Primele o sută de mii de numere prime - primele sute de mii de numere prime. Pentru toate vârstele.

Desfășurată de poligoane - caiet de activități - 80 de rețele geometrice de copiat, decupat și lipit împreună în poliedre tridimensionale. Pentru vârsta de 9 ani în sus.

Geometric Nets Mega Project Book (In engleza) - 253 de plase geometrice pentru a copia, decupa și lipite împreună în poliedre tridimensionale. Pentru vârsta de 9 ani în sus.

Pentru o listă actualizată, consultați https://www.DEMcAdams.com.

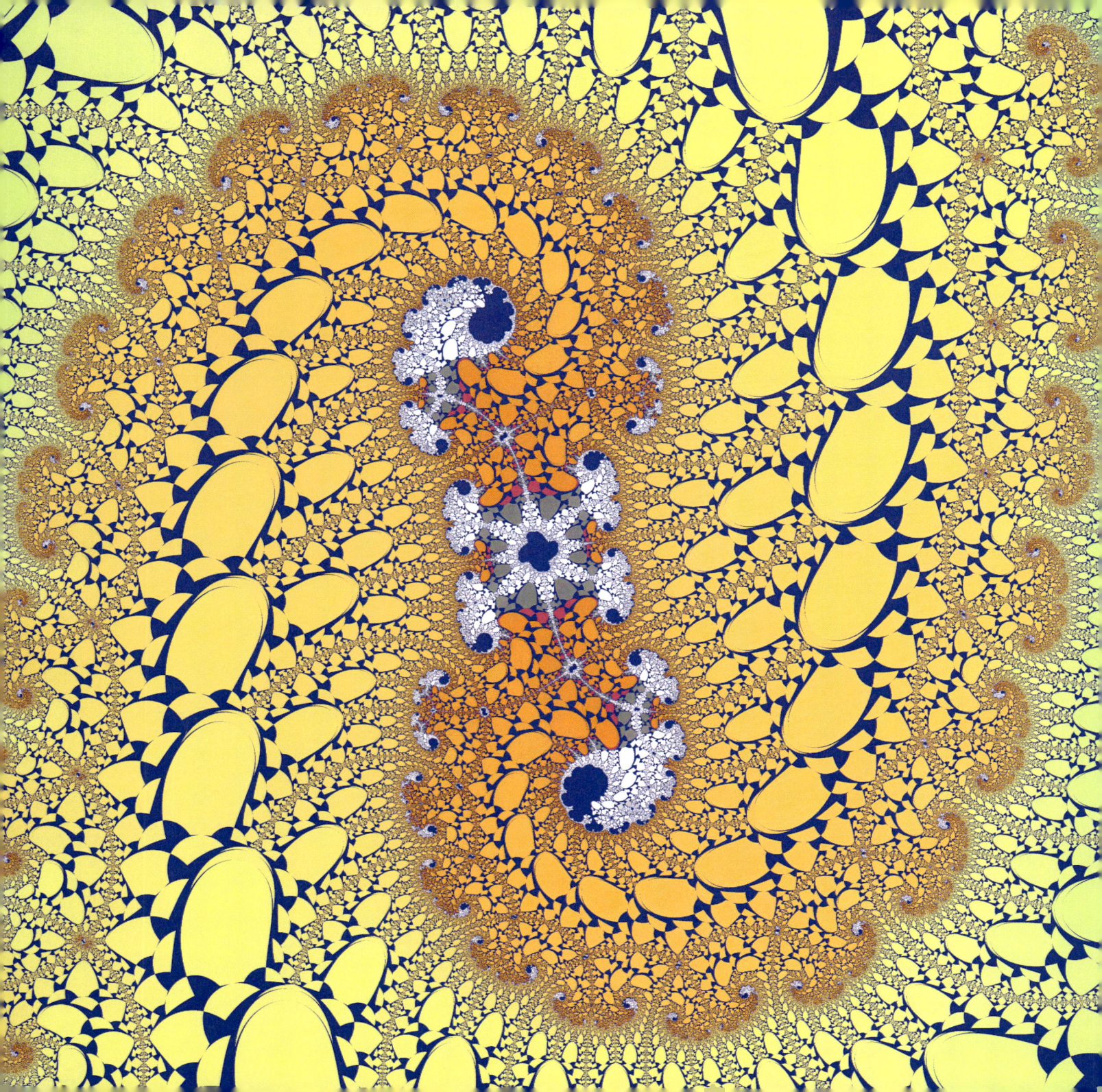

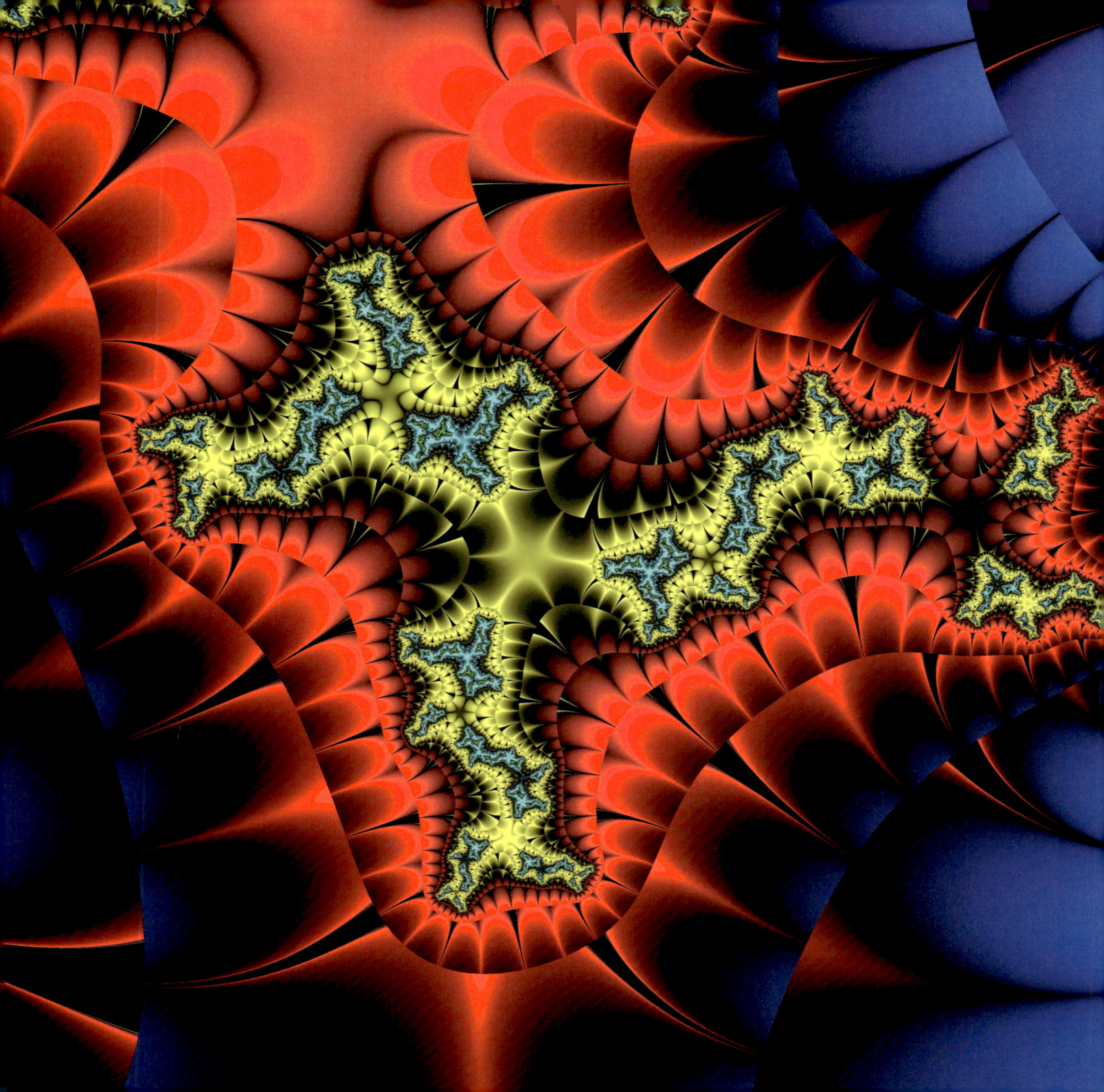

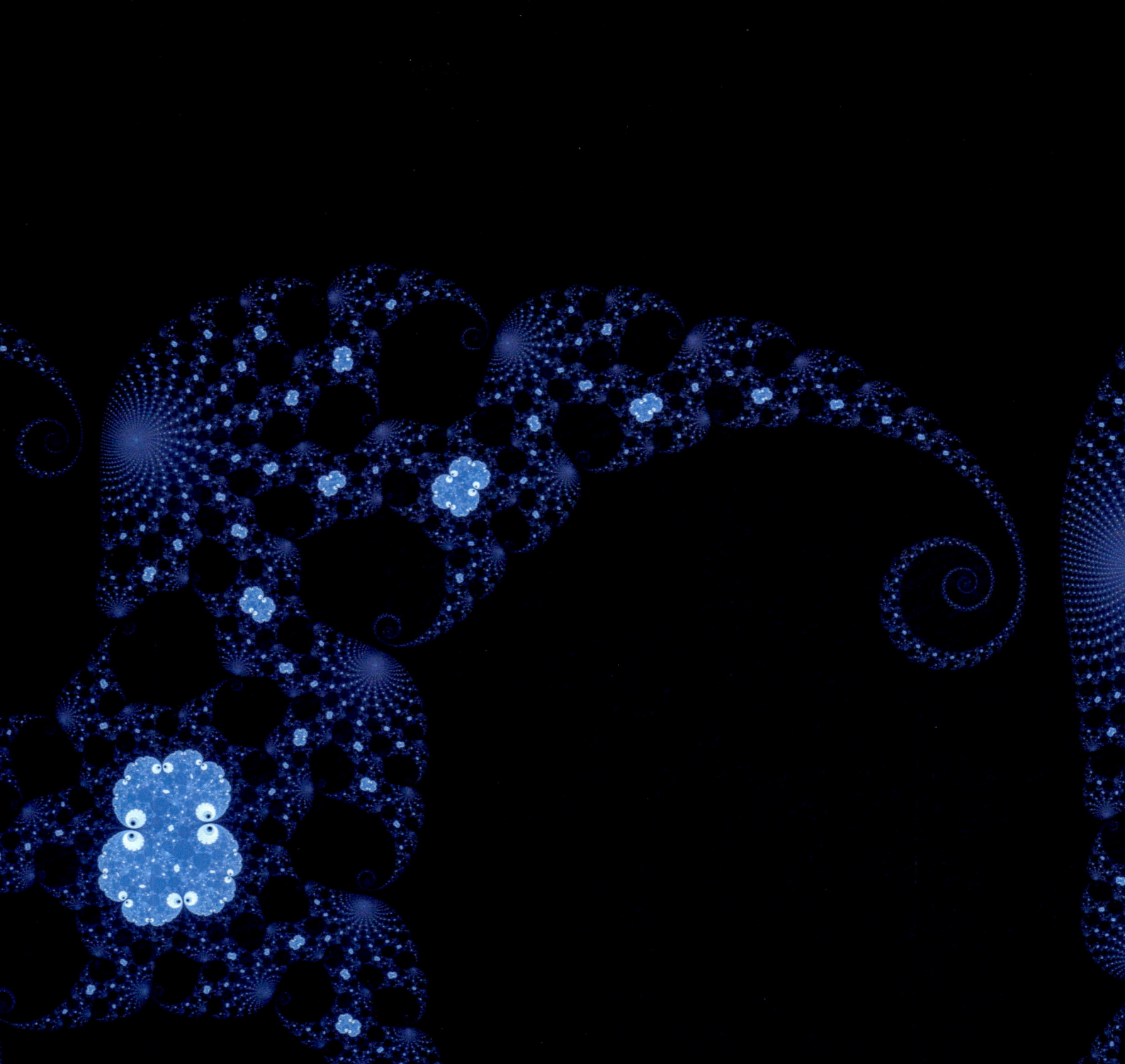

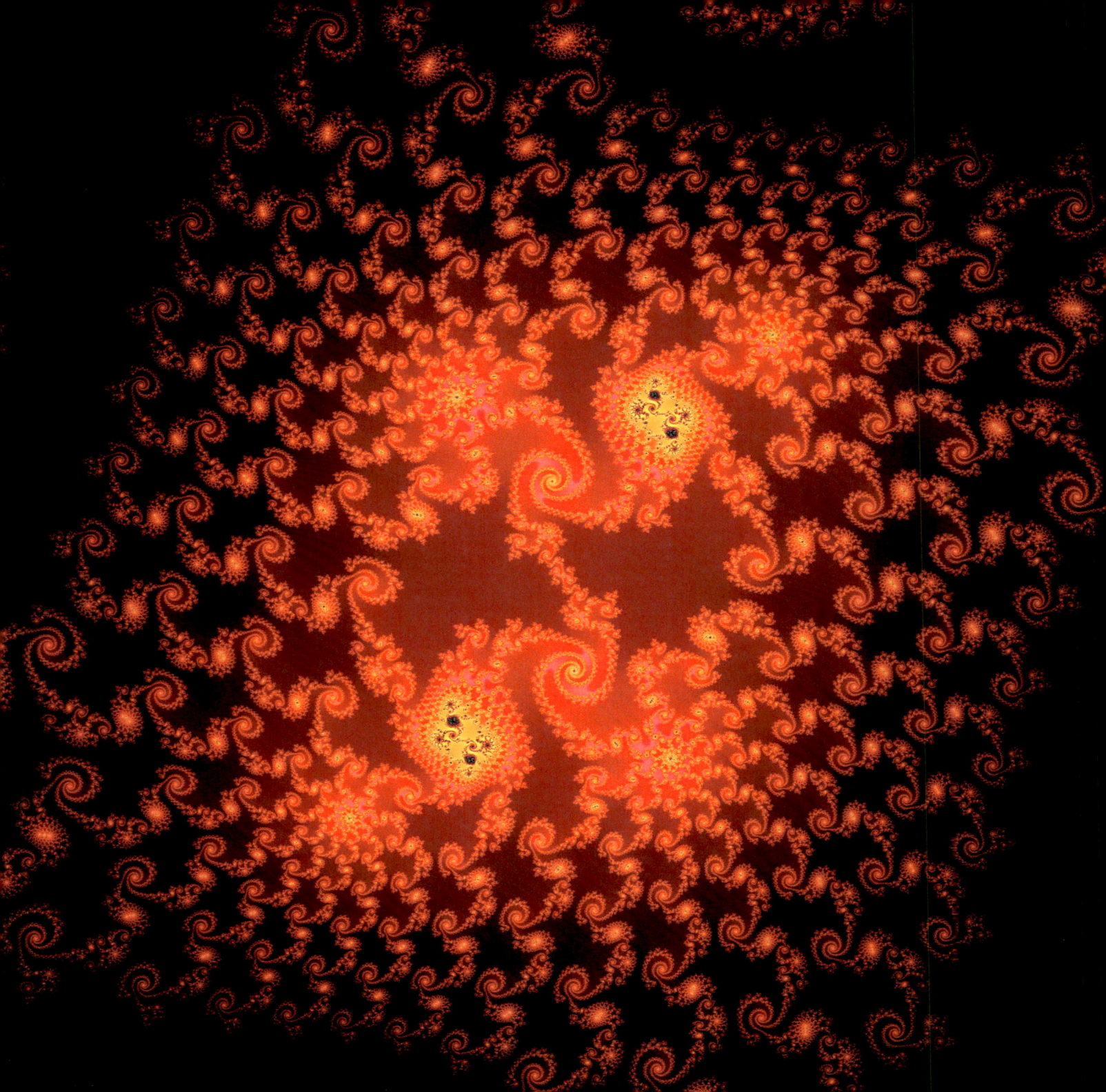

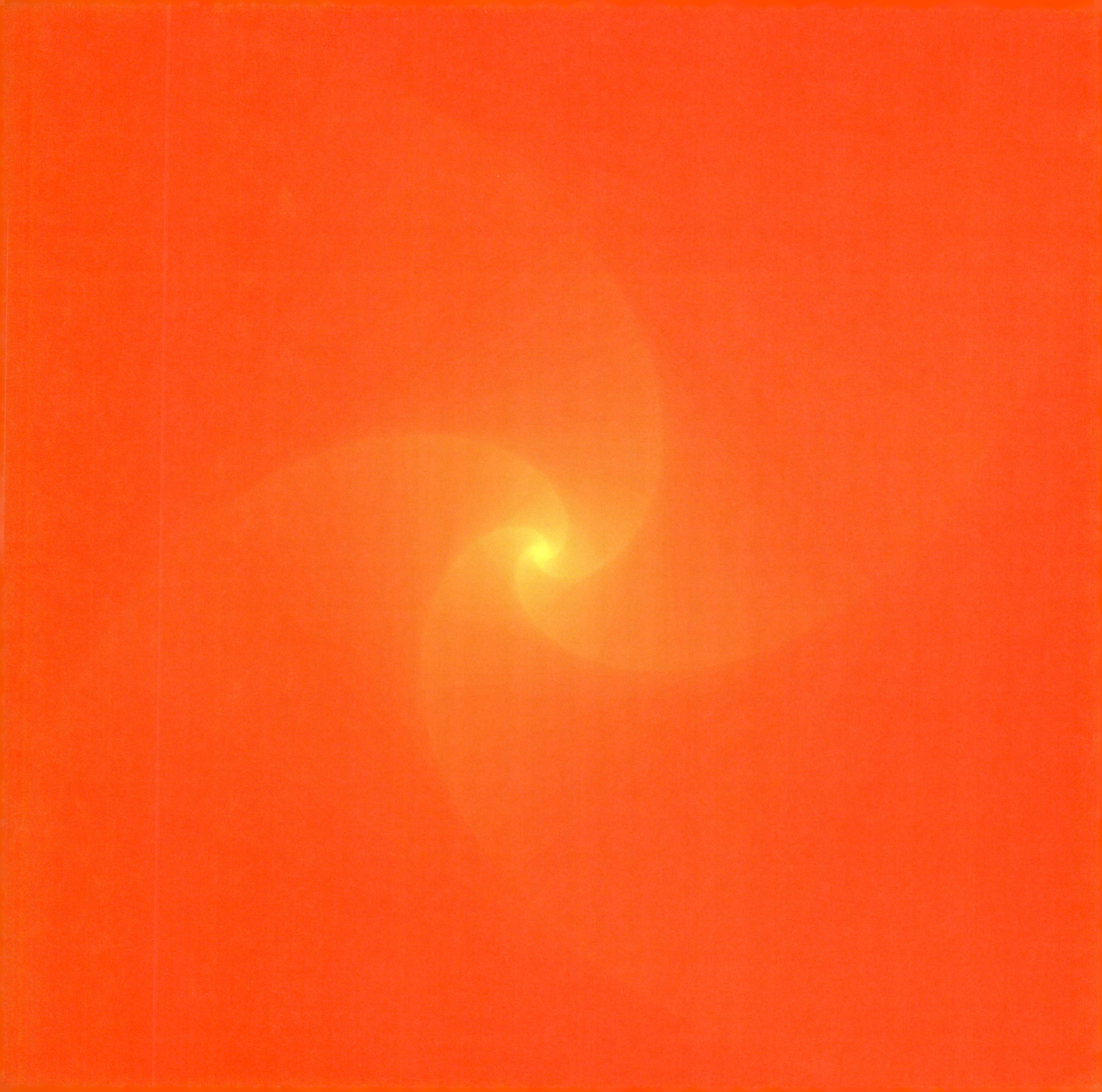

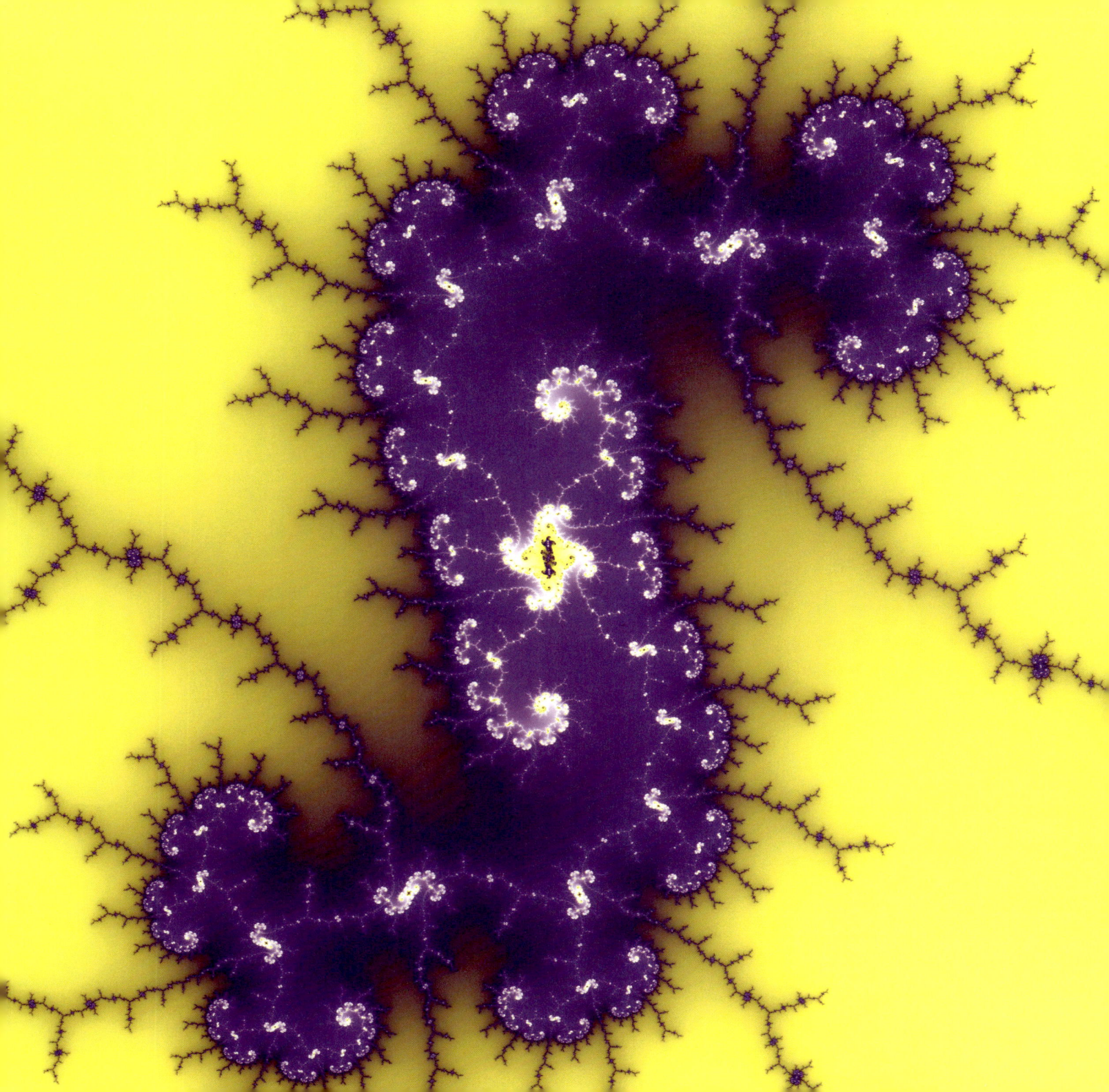

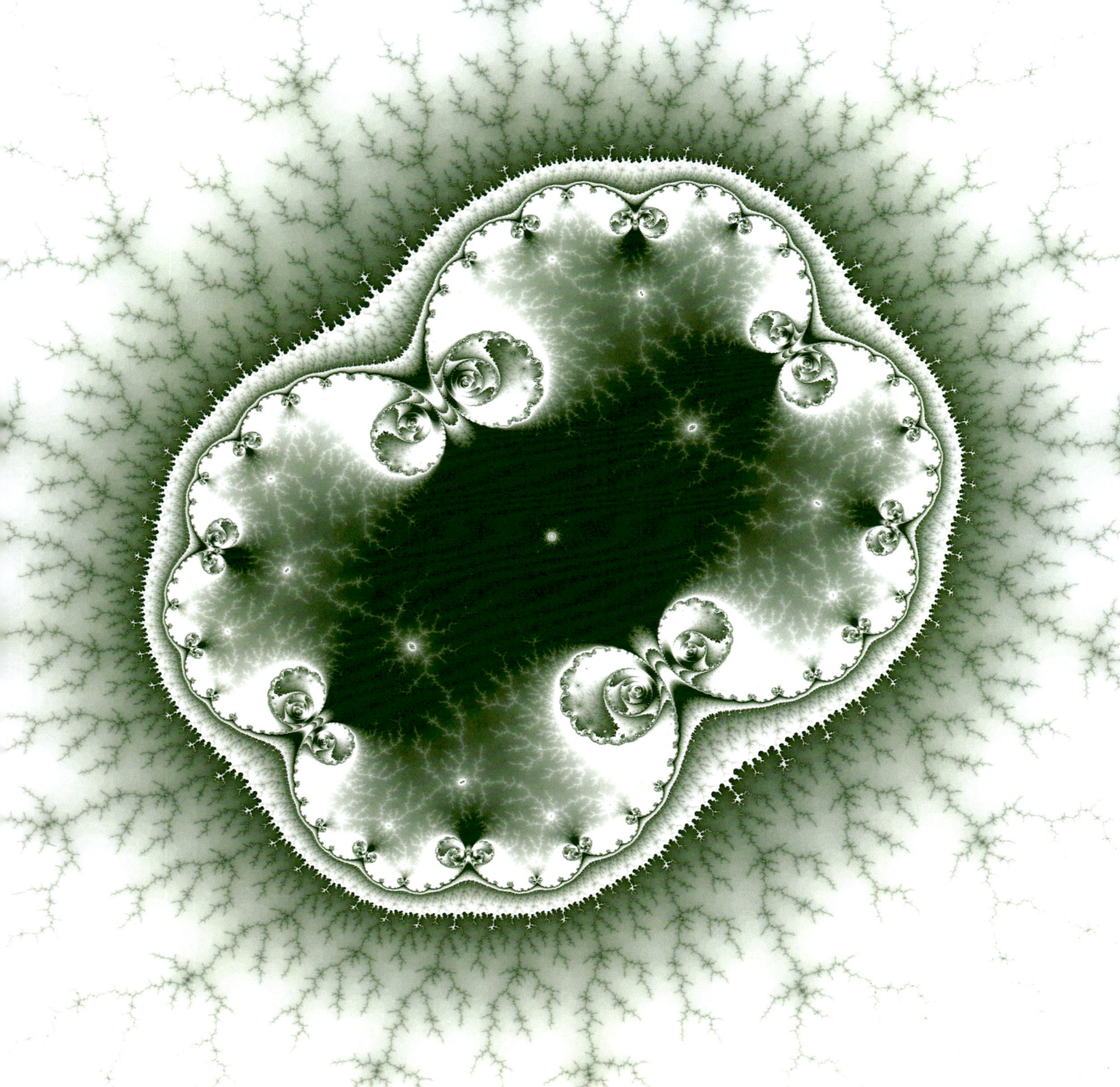

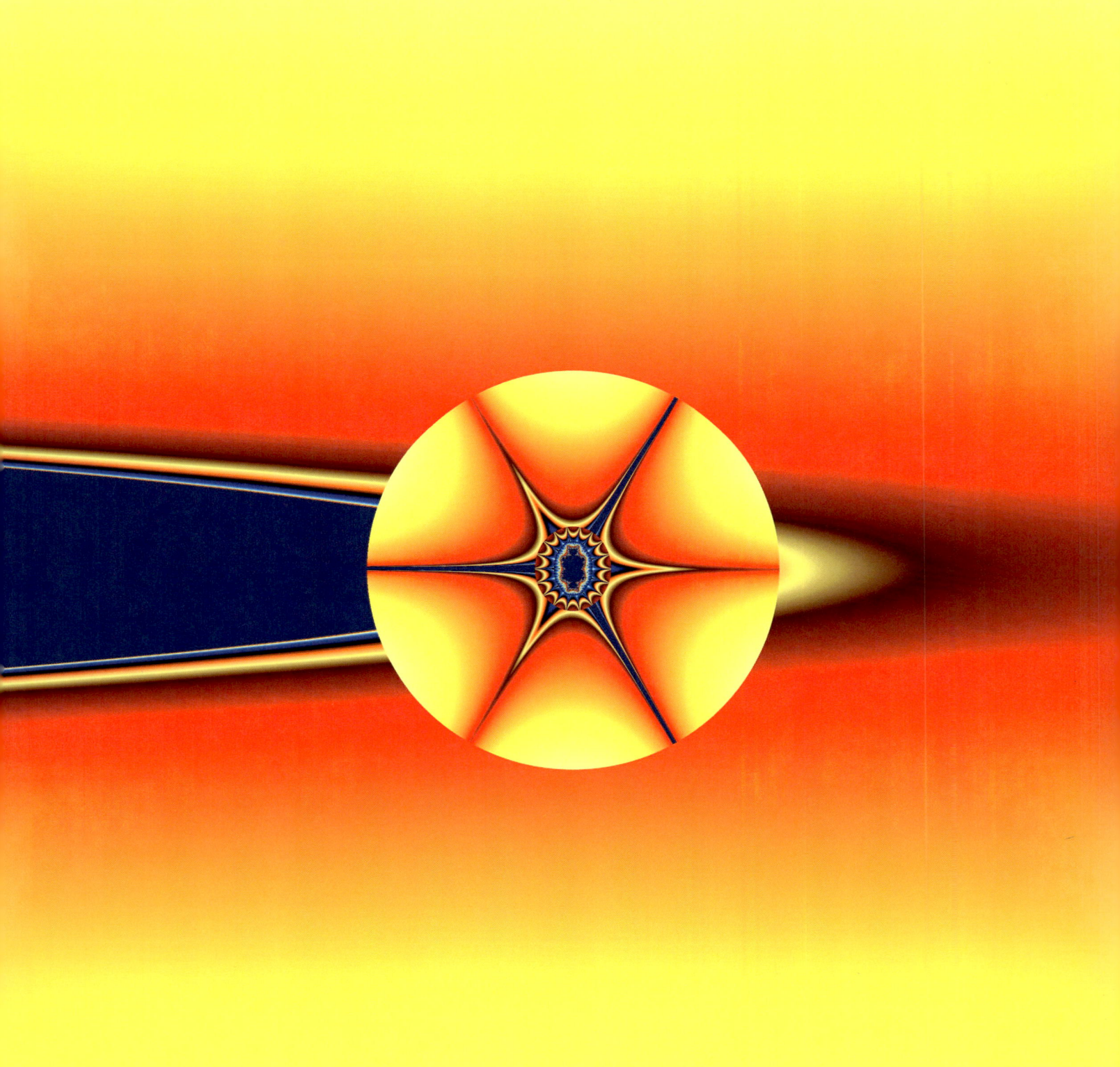

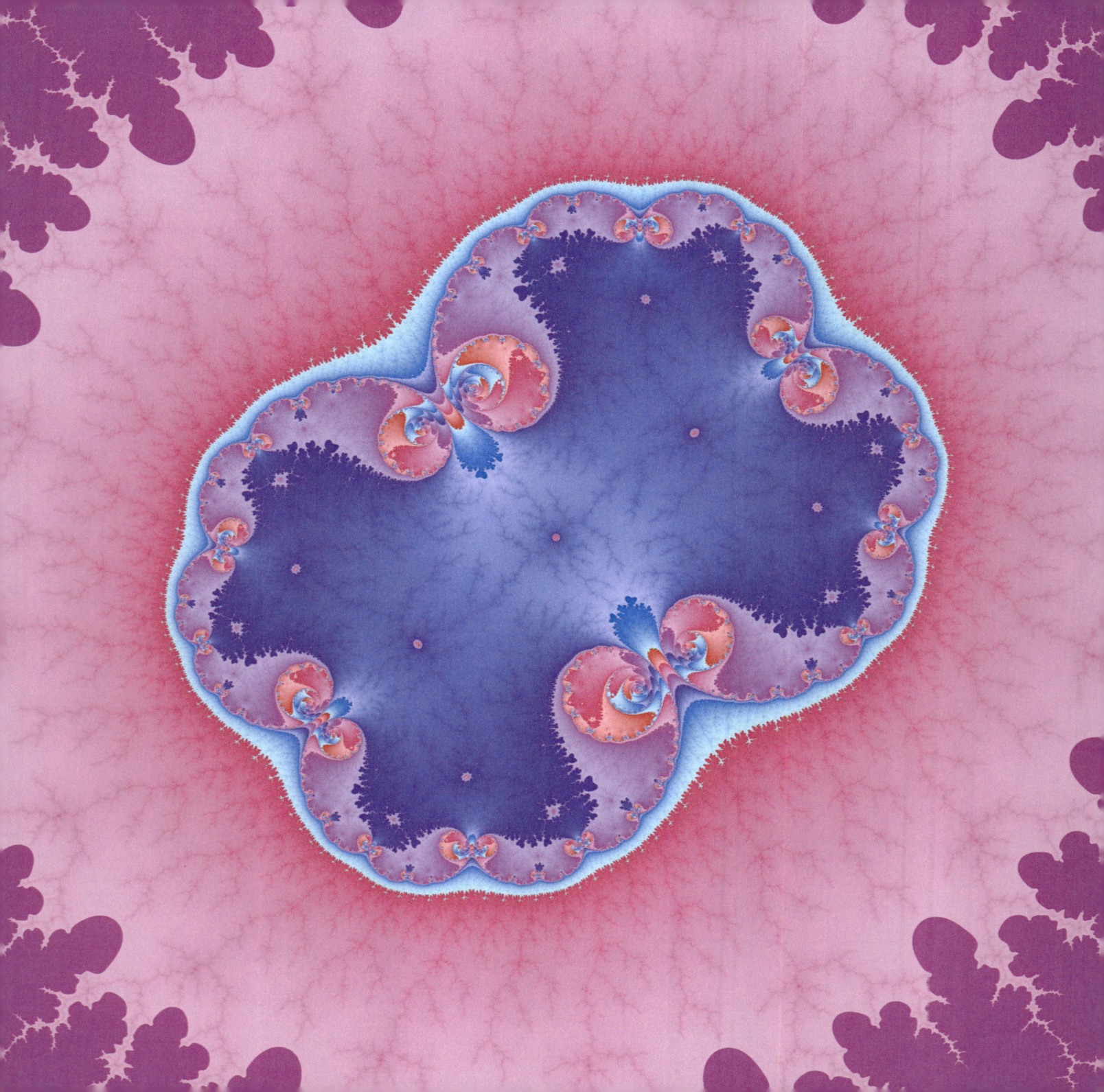

www.ingramcontent.com/pod-product-compliance
Lightning Source LLC
Chambersburg PA
CBRC091726070526
44586CB00008B/84